AF501001

LES BIENFAITEURS DE L'HUMANITÉ

Madame Hess

(Marie-Madeleine)

Officier de l'Instruction publique

Présidente de la 3e Commission du Travail des Enfants

Trésorière des Écoles Maternelles.

NEUVIÈME ÉDITION

Chez Mme HESS

64, rue des Petits-Champs, 64

PARIS

1886

LES BIENFAITEURS DE L'HUMANITÉ

Madame Hess

(Marie-Madeleine)

Officier de l'Instruction publique

Présidente de la 3e Commission du Travail des Enfants

Trésorière des Écoles Maternelles.

NEUVIÈME ÉDITION

Chez Mme HESS

64, rue des Petits-Champs, 64

PARIS

1886

LES BIENFAITEURS DE L'HUMANITÉ

MADAME HESS

(Marie-Madeleine)

I

Je lisais récemment dans mon journal cet entrefilet :

« *Nouveau prix de vertu.* — Une femme de bien, généreuse autant qu'intelligente, Mme veuve Hess (Marie-Madeleine), née Cosson, vient d'offrir à la ville de Paris une somme de *dix mille francs* pour fonder un prix spécial de piété filiale. Ce prix ne sera attribué qu'aux écoles de filles du deuxième arrondissement de Paris. Il sera délivré le 14 août de chaque année, à tour de rôle, dans chacune des écoles, d'après une liste de trois candidats ; une commission, composée du maire et de trois membres du comité de la Caisse des Écoles, examinera les titres qui lui seront soumis, et choisira l'élève bénéficiaire dont le nom sera proclamé dans la séance solennelle de la distribution des prix. »

Quelle est donc la main qui vient de s'ouvrir avec tant d'à-propos, de largesse et de bienfaisance, sur ces pauvres enfants du peuple ? Quel est ce cœur si noble, si grand qui consacre une pareille somme pour récompenser la piété filiale, cette vertu si douce et si rare aujourd'hui ?

Le journal révélait bien les noms : Madame veuve Hess ! mais de la qualité, de la position sociale, pas un mot. Oh ! c'est sans doute, me disais-je, une grande dame du faubourg Saint-Germain qui cache ses bienfaits sous un pieux pseudonyme ? Cet acte de munificence est peut-être l'accomplissement d'un vœu, ou quelque part d'héritage à distribuer, selon la volonté expresse d'un testament dont Mme Hess n'est que l'exécutrice ? Cela m'intéressait. Je voulais le savoir ; le hasard me servit à souhait.

En passant un jour rue des Petits-Champs, à deux pas de la nouvelle avenue de l'Opéra, une enseigne étalait sur la façade du 64, où résida et mourut l'illustre Berryer, ces simples mots en grosses lettres d'or :

MADAME HESS

Eau et Pommade pour les cheveux

Oh ! me disais-je à part moi, ce n'est pas celle que je cherche. Il n'y a guère d'apparence qu'une marchande d'eau pour faire croître et entretenir la chevelure, ait une caisse assez bien garnie pour pouvoir se passer la fantaisie de répandre ainsi des dons princiers. Je me trompais, comme on va le voir. Je trouvai bien vite un prétexte et je montai au premier étage. Un domestique à livrée vint m'ouvrir, je lui jetai mon nom et il me fit entrer au salon. Tout y était splendide, soie et or, tableaux de maîtres, partout un luxe de bon goût. Après cinq minutes d'attente, une dame, dont la mise simple et sévère, l'air gracieux et les manières distinguées me prévinrent tout d'abord en sa faveur, vint s'informer de l'objet de ma visite. Ses cheveux, d'un noir d'ébène, étaient tressés en nattes épaisses et faisaient deux ou trois fois le tour de sa tête. C'était Mme Hess... elle-même !... Je lui achetai quelques-uns de ses produits et je me hasardai d'amener la conversation sur la note du journal.

— « Mon Dieu ! me dit Mme Hess, on a fait beaucoup de bruit pour ce don. J'ai accompli un besoin du cœur, cela me suffisait. Mais je regrette, pour plus d'un motif, le retentissement qu'on lui a donné sans mon aveu. Premièrement, le bienfait perd de son mérite quand il est divulgué, et le public, qui n'est pas toujours indulgent, n'est que trop disposé à voir là une réclame habile. Secondement, cela m'attire une foule de solliciteurs que je suis forcée d'éconduire, car si je répondais à tous, selon mon désir, ma ruine serait bientôt complète. » Puis, avec une singulière facilité d'élocution, une simplicité qui me charmait, elle me dit quelques mots de l'origine de sa fortune, de ses premiers pas dans la vie, de ses rudes épreuves et du bonheur miraculeux que la Providence lui avait accordé de pouvoir quelquefois soulager l'infortune.

Ma curiosité était vivement excitée ; ma sympathie fut promptement acquise à ce vaillant caractère, à ce cœur probe et droit. Elle s'en aperçut et devint expansive.

Elle ne se doutait pas, l'excellente femme, que je notais soigneusement dans ma pensée toutes ses paroles et que cette vie accidentée qu'elle égrenait devant moi, sans nulle prétention, me semblait une admirable page qu'il serait bon d'écrire dans l'histoire de l'humanité.

En quittant Mme Hess, mon livre était fait, et c'est ce petit travail que j'offre au public.

II

De tous les dons que le Ciel a départis à ses créatures privilégiées, la force de volonté et la persévérance sont peut-être les plus précieux ; sans les facultés, l'intelligence elle-même reste insuffisante. L'action est indispensable à la pensée, et la continuité de l'action en garantit seule les grands résultats.

C'est surtout en étudiant la vie des personnes qui, à force de travail, se sont élevées d'une condition infime à une situation brillante, que l'on demeure convaincu de cette vérité et qu'on éprouve le besoin de dévoiler ces existences ignorées, pour les offrir en exemple à ceux que les premières difficultés pourraient arrêter dans leur route.

Notre récit n'a rien de fantastique, les faits parlent d'eux-mêmes et offrent tout l'imprévu de la légende. On y croit à peine, on admire et enfin on se sent profondément touché.

*
* *

Par une nuit d'hiver, une femme épuisée de fatigue et dénuée de toutes ressources, entrait dans le petit bourg de Marchenoir. Elle traînait avec elle deux petits garçons, et paraissait accablée de souffrances et de privations. Une bonne paysanne lui ouvrit, non pas sa maison, car elle était petite et occupée par une famille nombreuse, mais une étable dans laquelle reposait de belles vaches tigrées et quelques jeunes chèvres. L'hôtesse s'excusa sur le peu qu'elle pouvait faire, apporta de la soupe pour les petits et pour la mère. Et celle-ci, pendant que les enfants mangeaient, raconta, en quelques mots, sa triste histoire.

« — Ah! dit-elle, il est bien dur de mendier quand on a été élevée dans une honnête aisance, et de s'en aller comme une vagabonde, quand on a encore un mari. Que voulez-vous ?... j'ai fait une folie que j'expie cruellement. Quand Pierre Cosson me demanda en mariage, j'avais repoussé bon nombre de prétendants. J'étais de douze ans plus âgée que lui, j'aurais dû comprendre qu'une aussi grande différence amènerait, par la suite, plus d'un chagrin ; mais je l'aimais et pendant quelque temps je fus heureuse.

Toute joie se paie en ce monde.

Un matin, mon mari m'annonça qu'il partait pour l'armée et il nous laissa, les petits et moi, à la garde de Dieu. Rien ne le retint, ni larmes, ni prières, ni la certitude que j'allais une fois encore devenir mère. On le dit brave soldat ; hélas ! que ne puis-je ajouter qu'il est un bon père, un mari dévoué ! »

— Pauvre femme, répondit l'hôtesse. Dieu mesure l'épreuve à notre force, ayez courage et confiance, il vous reviendra.

La malheureuse abandonnée essuya une larme, coucha les enfants sur la litière fraîche et chercha elle-même le repos. Mais tout à coup de violentes douleurs la saisirent, elle étouffa avec peine ses gémissements d'angoisse, et au milieu de la nuit, dans cette humble crèche, secourue seulement par une vieille paysanne affolée, elle mit au monde un troisième enfant qui, baptisée le lendemain, fut appelée Marie-Madeleine.

*
* *

La femme de Pierre Cosson ne voulut point quitter le village où elle avait trouvé des cœurs compatissants ; elle se fixa à Marchenoir, et ce fut là qu'elle apprit successivement que son mari avait fait la guerre d'Espagne, avait obtenu un grade dans la garde royale, puis que trois ans plus tard, il avait succombé par suite de ses blessures.

La veuve n'avait plus que ses enfants à aimer, elle ne put les faire instruire ; mais il est des leçons que le cœur seul peut dicter, et celles-là, la pauvre mère les prodigua aux orphelins, leur apprenant à aimer Dieu, à travailler, à respecter le bien d'autrui ; au point que ces enfants, ne vivant que de privations, se gardaient de toucher aux fruits ou aux légumes qu'ils foulaient de leurs pieds, dans les champs.

On savait, à Marchenoir, cette sévère honnêteté, et l'on ne s'en intéressait que davantage à eux.

Un malheur, dit-on, n'arrive jamais seul ; les deux garçons moururent à peu d'intervalle l'un de l'autre. Marie-Madeleine resta l'unique consolation de sa mère qu'elle adorait ; et, pour gagner leur pain, l'une travaillait la terre, quand on voulait bien l'employer ; l'autre, la petite, cassait des cailloux sur la route et tendait parfois la main aux riches... Le bon curé, qui l'aimait, lui donnait à manger, le dimanche, et lui remettait une petite pièce blanche. C'est ainsi qu'elle atteignit sa douzième année. Elle fut alors placée comme servante chez des commerçants peu généreux, qui assuraient à Marie sa nourriture et 30 francs par an de gages, en échange de ses services. Trente francs et sa nourriture! c'était presque une fortune cela, car elle n'allait plus être à la charge de sa mère et elle lui remettrait tout son argent! Quels beaux rêves! mais ils ne se réalisèrent jamais complètement. Les maîtres étaient durs; les maladresses de l'enfant étaient impitoyablement retenues sur son modique salaire, qui se trouvait, à la fin de l'année, réduit de moitié.

III

Une dame d'Orléans, qui appréciait les bons sentiments de Marie Cosson, lui offrit de l'emmener à Paris; ce qui fut accepté avec empressement. Les gages s'améliorèrent et lui permirent de venir en aide à sa mère. C'était là tout le désir de cette fille dévouée, le but principal qu'elle ne perdait jamais de vue.

Un jour, elle rencontra une de ses compatriotes, jeune et laborieuse comme elle, qui travaillait chez un tailleur. Dans l'atelier, on parlait souvent des qualités de Marie Cosson, de sa conduite exemplaire, de sa piété filiale. Un ouvrier, honnête homme, nommé Hess, pensant avec raison qu'une fille si bonne et si rangée ne pouvait faire qu'une excellente femme, voulut la connaître, la demanda en mariage et l'épousa. Le ménage était loin de l'opulence, mais les époux avaient pour eux le courage et la jeunesse. Ils crurent bien faire d'aller se fixer à Marchenoir, afin de vivre de la même vie que leur mère bien-aimée, et y gagner un peu d'argent, grâce à l'état du mari. Espoir trompeur ! Le paysan est économe et porte plus habituellement la blouse que l'habit ; on chômait la plupart du temps, l'homme se désolait, la femme dut, par sa tendresse, lui rendre l'énergie qui l'abandonnait.

— Nous avons commis une imprudence, lui dit-elle, réparons-la au plus tôt ; retournons à Paris. Les ateliers de tailleurs n'y manquent pas, nous louerons un petit logement, ma mère nous suivra, moi j'entrerai comme servante dans une bonne maison, et nous recommencerons notre fortune. Dieu nous aidera.

On suivit ce conseil, et quelques semaines plus tard, la vaillante femme entrait au service d'un ingénieur, et le mari avait de l'ouvrage. Le petit logement qu'ils prirent dans la même maison où Mme Hess en occupe trois aujourd'hui, du prix de 8,000 francs, ne leur coûtait alors que 180 francs par an ; et tous les quinze jours, on voyait la mère et la fille traverser la place du Carrousel, un paquet sur la tête, se dirigeant vers la Seine, pour laver elle-même le linge de la famille.

*
* *

On se trouvait relativement heureux; mais la maladie vint porter une rude atteinte à cette pénible existence. Mme Hess fut clouée sur son lit pendant un assez long temps. Quand elle fut guérie, elle perdit totalement la belle chevelure dont elle avait droit d'être fière. Toutes les femmes comprendront les regrets qu'elle en éprouva. Son maître, pour la consoler, lui dit un jour : « Ne vous chagrinez pas, Marie, je dois avoir dans mes cartons la recette qu'un médecin hongrois, auquel j'avais rendu quelques services, me donna il y a plusieurs années, par reconnaissance. Je la chercherai et vous en essaierez. »

En effet, le lendemain, l'ingénieur remit à Mme Hess un morceau de papier jauni, sur lequel était tracée, en grosse écriture, une petite note qui fut aussitôt portée chez le pharmacien. Le précieux liquide, composé selon la formule, fut appliqué en compresse sur la tête dénudée.

Le résultat fut aussi merveilleux que rapide. Non seulement les cheveux de la jeune femme repoussèrent avec abondance, mais ils atteignirent une longueur phénoménale, au point qu'en se tenant debout, Mme Hess pouvait littéralement marcher dessus.

IV

Son bonheur ne la rendit pas égoïste. Une fièvre typhoïde ayant fait tomber les cheveux d'une de ses amies, elle fabriqua pour elle l'eau salutaire, dont elle avait éprouvé la puissance. Les effets attendus se reproduisirent avec le même succès. Le bruit s'en répandit dans le quartier. Des femmes de chambre, cette nouvelle arriva aux couturières, de celles-ci à leurs clientes, et l'on fut bientôt instruit, de tous côtés, que la femme d'un tailleur possédait le moyen de donner à toutes les femmes cette parure naturelle qu'on a dit être plus belle qu'un manteau de roi.

Deux Anglaises, à qui leur grande fortune permettait toutes les tentatives de la coquetterie et toutes les fantaisies du luxe, devinrent les premières et les plus assidues visiteuses de Mme Hess. Elles se montrèrent reconnaissantes, au delà de toute expression, d'avoir, grâce à cette dernière, retrouvé la splendeur de leur chevelure ; elles recommandèrent son eau à leurs amies, et bientôt la jeune femme ne put suffire aux commandes. Elle n'était pas assez riche pour en fabriquer des flacons d'avance. Elle attendait les commandes et manquait souvent des ventes importantes.

Les plantes servant à la fabrication se récoltaient difficilement, la distillation en était coûteuse, et en confiant d'une manière trop répétée la formule aux pharmaciens, c'était risquer de divulguer le secret.

*
* *

A quoi tiennent les choses d'ici-bas ! Mme Hess faillit un jour perdre l'occasion sur laquelle devait se baser sa brillante fortune. Une dame russe, instruite des prodiges réalisés, se présente et demande une provision de flacons.

— Je n'en ai pas un seul, répond Mme Hess.

— Eh bien ! faites-en.

— Si madame veut revenir dans huit jours. .

— Huit jours ! mais je pars demain pour Saint-Pétersbourg.

— Veuillez me laisser votre adresse, je vous les expédierai.

— Non ! non ! je veux les emporter à tout prix, passez la nuit s'il le faut, voici quinze cents francs pour 12 flacons.

Mme Hess, éblouie, promet, court à l'atelier de son mari, l'envoie chercher les plantes nécessaires, passe la nuit à fabriquer sa commande, la livre à temps et respire. Désormais, elle était riche.

Quinze cents francs pour le petit ménage du tailleur, c'était la fortune. On sacrifia immédiatement la moitié de cette somme à l'acquisition d'un mobilier plus convenable. De la mansarde à 180 francs, on descendit dans un appartement de 300 francs, qui fut soigneusement approprié. Sûre maintenant de pouvoir vivre de sa clientèle, Mme Hess fit quitter à son mari l'état de tailleur, et tous deux se livrèrent exclusivement à la fabrication des produits qui devaient les rendre millionnaires.

*
* *

Hélas! comme nous le disions en commençant, la douleur est sœur de la joie. Mme Cosson, la pauvre mendiante de Marchenoir, qui vivait sous le même toit et partageait tous les dons et toutes les douceurs d'une existence princière, mourut en bénissant sa fille. M. Hess, souffrant depuis longtemps, tomba à son tour dangereusement malade, et malgré les soins les plus tendres et les plus dévoués, suivit peu de temps après sa belle-mère dans la tombe. La mort de ces deux êtres chéris est le plus gros chagrin dont Mme Hess, restée seule, ne se consolera jamais.

A l'âge de 45 ans, Marie-Madeleine Cosson, veuve Hess, ne savait pas lire. Aux prises avec les difficultés de la vie, au milieu des tâtonnements de l'ignorance, elle comprit l'utilité du savoir; elle voulut apprendre et eut le courage de chercher à acquérir une instruction dont les premiers éléments lui manquaient. Elle mit à l'étude une ténacité secondée par une rare intelligence, et au bout de trois années, son éducation ne laissait plus rien à désirer. Elle était même devenue assez bonne musicienne Ce fut pour elle une nouvelle vie, une force nouvelle. A son eau, qu'elle perfectionna, elle adjoignit une pommade non moins efficace et destinée à compléter le traitement qu'elle prescrivait. Elle sut assez de botanique et de chimie pour rassurer tout à fait les plus sceptiques. Elle reçut, chez elle, les dames de la cour et les princesses étrangères. Elle quitta enfin son petit logement pour l'appartement somptueux qu'elle occupe aujourd'hui et qui est plus en rapport avec la clientèle qui y afflue.

V

On ne peut que louer cette femme d'avoir eu le courage de s'instruire à un âge où il semble que l'on doive se contenter du bagage que l'on possède; mais là où Mme Hess devient réellement admirable et touchante, c'est quand on la voit chercher avec empressement ceux qui, dans le passé, ont été bons pour sa mère. Les aumônes faites, jadis, à la veuve de Pierre Cosson, retombent maintenant en pluie d'or sur leurs auteurs. On n'est pas riche dans le bourg de Marchenoir, aussi à ceux qui soulagèrent la mère de Mme Hess, partagèrent avec elle leur morceau de pain, la fille reconnaissante a constitué des rentes de deux, trois, quatre cents francs et plus, suivant l'importance des bienfaits reçus. Loin de rougir du passé que lui avait fait le sort, de son humble origine et de la pauvreté de son enfance, elle aime à en rappeler les tristesses, et avec une âpre volupté elle en recherche les traces. La fortune lui a mis au cœur d'ineffables attendrissements, des délicatesses inouïes.

Le vieux curé de Marchenoir a reçu, pendant tout le temps de sa vie, de belles pièces d'or en souvenir des petits sous qu'il donnait de temps en temps. L'église du village, réparée, s'est enrichie d'un magnifique tableau de Murillo et d'autres objets du culte. Aucun des habitants pauvres n'est oublié ; Mme Hess, qui a passé dans une crèche la première de ses nuits sur la terre, s'en souvient ; elle n'a ni l'orgueil, ni la morgue des parvenus. Charitable et bonne, elle met autant d'empressement à s'approcher des malheureux que d'autres se hâtent de les fuir ; aussi il faut voir comme on l'aime dans ce petit coin du Blaisois ? Elle y a acheté une propriété où elle vient de temps en temps se retremper, comme elle dit, au milieu de ceux qu'elle nomme sa petite famille. Le jour de son arrivée, chacun prend ses habits de fête, c'est à qui touchera sa main, l'embrassera ou lui souhaitera la bienvenue.

Non contente d'avoir rendu heureuse une mère trop éprouvée, elle a voulu perpétuer là-bas sa mémoire. Dans ce but, elle a fondé un prix local de piété filiale, elle est la protectrice infatigable des écoles. Comme elle fait du bien à tous, les riches l'admirent et l'accueillent avec bonheur, les pauvres l'acclament et la bénissent.

A Paris, elle a élevé et doté quatre jeunes orphelines, elle a discrètement payé des loyers arriérés, secouru des ménages ruinés. Elle a voulu que ses offrandes figurassent, sous le voile de l'anonyme, aux listes de souscriptions pour toutes les bonnes œuvres. Elle s'est fait inscrire dans diverses sociétés philanthropiques de bienfaisance et d'instruction.

Par arrêté du 3 janvier 1879, M. le Ministre de l'Instruction publique l'a nommée officier d'Académie et lui a remis le brevet et les palmes. Depuis elle a été nommée officier de l'Instruction publique et a reçu du Ministre de l'Intérieur la médaille d'or des sociétés de secours mutuels.

M. le Ministre de l'Intérieur lui avait déjà décerné, en Octobre 1879, une médaille d'honneur pour dévouement dans un incendie et services pendant la guerre et la commune.

En considération de la piété et des nombreux services de Mme Hess, S. S. le pape Pie IX, par un bref spécial, l'a décorée de l'ordre du Saint-Sépulcre de Jérusalem, témoignage précieux de sympathie et d'estime bien rarement octroyé à une femme. Le président de la République des États-Unis de Venezuéla, Don Guzman Blanco, l'a nommée commandeur de l'ordre du *Libertador,* par exception ; cet ordre ayant été fondé pour les hommes seulement. Le Conseil suprême de la Société royale des chevaliers hospitaliers d'Espagne lui a décerné le titre de Dame d'honneur.

Elle est membre d'un grand nombre d'associations humanitaires, telles que : Société nationale d'Encouragement au Bien, — d'Instruction et d'Éducation populaires, — de l'Union centrale des Sauveteurs, — de l'Œuvre charitable du Sou du bon Dieu, — de la Caisse des Écoles, — de la Société de Sauvetage de la Seine, etc., qui lui ont voté leurs premières récompenses, médailles d'Or et d'Argent, et un grand nombre de Sociétés humanitaires lui ont offert leurs diplômes et leurs insignes, ou des médailles d'honneur.

L'autorité municipale du 2e arrondissement lui a remis une médaille d'or en témoignage de reconnaissance.

Les juntes municipales de plusieurs villes d'Italie se sont empressées de lui décerner le titre de *patricienne*, avec *noblesse héréditaire*, et enfin elle a remporté pour son produit, une récompense à l'Exposition universelle de 1878, à Paris, et à l'Exposition de 1879, à Rome, il lui a été décerné la médaille d'or, les palmes de l'Académie des Arcades de Rome; depuis elle a reçu à l'Exposition des Arts appliqués à l'Industrie, en 1879, à Paris, la médaille de vermeil, et à l'Exposition du Travail, en 1885, à Paris, la médaille d'or.

Honneur donc à Mme Hess qui n'a pas, comme d'autres, trouvé des millions dans son berceau, mais qui a noblement acquis une place à part dans le monde, par son travail et la virilité de son caractère !

Que le travail, le dévouement, la piété filiale et la charité dont cette digne femme a constamment fait preuve, soient un exemple pour tous, riches et pauvres !

Le travail honore, il recèle des trésors; mais quand on les a conquis, on s'honore davantage encore en n'oubliant pas son origine et les luttes qu'on a dû subir pour arriver enfin à faire le bien et à pratiquer noblement cette vertu qu'on nomme : Fraternité !

HONORINE DE SAINT-ANGEL.

A MADAME HESS

BIENFAISANTE ET BIENFAITRICE

Toute médaille a toujours son revers ;
Les hommages, échos de notre sympathie,
Reviennent malgré nous, en prose comme en vers,
Infliger un supplice à votre modestie.

Ah ! pardonnez, Madame, aux indiscrétions ;
Vous fîtes tant d'heureux, que c'est aussi leur fête,
Quand on célèbre en chœur vos nobles actions,
Pouvez-vous empêcher que j'en sois l'interprète ?

C'est que l'intelligence unie à la bonté
A des titres plus grands que ceux de la naissance.
Car seule vous avez, par votre volonté.
Fait de votre fortune une toute-puissance.

Vous êtes la vertu sans reproche et sans peur,
De tant de naufragés vous fûtes la boussole,
Que votre royauté réside en votre cœur ;
Votre esprit séduisant charme, éclaire, console.

Les naufragés, c'est vous qui les allez chercher ;
Et cette charité, qui se voile, attendrie,
Sème partout le bien, mais aime á se cacher,
En vous, nous retrouvons un reflet de Marie,

Grâce à vous aujourd'hui que de fronts triomphants !
Un parfum de bonheur partout vous environne ;
On voit venir à vous, les mères, les enfants,
Pour ceindre votre front d'une triple couronne !

Travail, sagesse et joie !... A ce pieux tribut,
Permettez qu'à mon tour, fière, je m'associe.
La vie est un combat dont le bien est le but,
Pour ces petits enfants, ma voix vous remercie.

La patrie, elle aussi, longtemps répètera
Ce qui reste gravé sur la croix de Genève,
Et le soir, au foyer, on se racontera
Votre grand dévoûment, un dévoûment sans trève.

Des larmes devant vous moins amères coulaient,
Vous rendiez l'espérance à l'âme solitaire,
Ah ! si tous les heureux du jour vous ressemblaient,
L'âge d'or reviendrait sur terre.

LÉONTINE ROUSSEAU, née DE VAUX,
Inspectrice des Pensionnats de la Seine.

A MADAME HESS

J'habite une montage verte
Qui, dans le Rhône aux flots pressés,
Peut mirer sa tête couverte
De pampres d'or entrelacés.

Devant mes yeux brillants de joie,
J'ai pour horizons infinis
Le fleuve au soleil qui flamboie
Et la forêt pleine de nids.

Eh bien ! dans cette solitude
Si chère au poète, au rêveur,
Je veux que ma chanson prélude
Par des couplets en votre honneur.

De ce grand Paris si maussade
Où vous retient votre bonté,
Écoutez donc la sérénade
De la Muse à la Charité.

Écoutez ! l'on croirait entendre
Un de ces contes merveilleux
Que, lorsqu'il gêle à pierre fendre,
Aux petits-fils disent les vieux.

Autrefois, une pauvre femme
Sur la route s'acheminait ;
La tristesse emplissait son âme,
Et Dieu même l'abandonnait.

Elle avait deux enfants si frêles
Qu'en contemplant leurs fronts pâlis,
Chaque jour des larmes nouvelles
S'échappaient de ses yeux rougis.

Quand le cœur d'une mère tremble,
Le malheur qui menace est près !
Pauvres enfants, dormez ensemble,
Dormez sous le même cyprès !

Mais parfois les blanches colombes
Succèdent aux hideux corbeaux,
Et le ciel qui creuse les tombes
Sait aussi tresser les berceaux.

Parfois le destin fait éclore
Les espoirs qu'il a cru briser,
Et la pauvre mère eut encore
Un front doux et rose à baiser.

Cette fois, l'horizon superbe
Apparut enfin radieux,
Celui qui protège un brin d'herbe
Sur vous avait jeté les yeux.

Enfin, la Fortune inconstante
Sut découvrir un noble cœur,
Et chaque jour sa main puissante
Vous offrit son appui vainqueur.

Ah ! qu'elle soit trois fois bénie,
L'heure sainte de vos succès,
Cette heure où toute âme meurtrie
Auprès de la vôtre eut accès.

Et désormais quand la misère
Dans quelque mansarde a cessé,
Quand la pauvreté digne et fière
Relève enfin son front blessé ;

Quand on voit tout à coup sourire
Tous ceux dont l'espoir s'envola,
Sans se tromper, on peut bien dire :
Madame Hess a passé par là !

VICTOR NADAL.

A MADAME HESS
BIENFAITRICE DES PAUVRES

HUMANITÉ !

Poésie dite par M. Loisel à l'Assemblée solennelle de la Société de Secours des Ex-Militaires, et au Banquet de Sainte-Cécile, donné par la Société Philharmonique des Comptables de Paris.

En ce jour solennel, réveille-toi ma lyre,
Pour chanter les bienfaits d'un grand nom plein de cœur ;
Au toit du malheureux, ce nom qu'on peut inscrire,
Est le baume sacré qui calme la douleur !

Oui, vous savez, Madame, où ruissellent les larmes ;
Par vos nobles bontés les sécher pour toujours.
Le pauvre vous bénit. En calmant les alarmes,
Vous rendez la gaîté, les ris et les amours !

Rappellerai-je hélas ! les jours de votre enfance ?
Non. Votre nom suffit pour qu'on puisse savoir
Que votre humble berceau, bâti par la souffrance,
Est pour toujours vivant au bourg de Marchenoir !

A Paris, comme là, tous vos bienfaits, Madame,
Sont gravés dans les cœurs des beaux petits enfants ;
Chacun cherche à chérir votre cœur et votre âme,
Et Dieu qui vous bénit voit vos dons triomphants !

Par vous le doux sourire oublié dans la peine,
Renaît comme un rayon échappé du soleil ;
La mère qui pleurait au malheur qui l'enchaîne,
Embrasse son enfant avec joie au réveil !

Oui, Madame Hess, oh ! oui, vos sublimes largesses
Au panthéon du bien se gravent ici-bas ;
Tous ceux que vous comblez de dons et de caresses
Sèmeront à jamais des lauriers sur vos pas !

A l'aspect de ces croix couvrant votre poitrine,
Autant de souvenirs de votre humanité,
Ah ! qu'on se sent heureux ! et ce qui nous chagrine
Disparaît en voyant vos yeux pleins de bonté,

Que votre humanité dans les cœurs se répande
En exemples frappants au foyer des heureux.
Oh ! que de pleurs cachés au pauvre qui demande ;
Riches, faites le bien au toit des malheureux !

Ne laissez point souffrir le mendiant qui pleure ;
A l'honnête misère apportez le secours ;
Allez rendre la joie à cette humble demeure
Où l'enfant au berceau vous sourira toujours.

. . . .

Oh ! vivez bien longtemps, oui, bien longtemps, Madame,
Que les anges du ciel, grandissant tour à tour,
Parlent de vous aux leurs, afin que de votre âme,
Ils chantent la bonté, l'espérance et l'amour !

ÉDOUARD DANER, dit DORVAL.
Auteur et Acteur lyrique.

29 Octobre 1882.

A PROPOS D'UN BOUQUET

Dédié à Mme Hess

Il est là, près de moi, votre bouquet, Madame,
Et décembre qui pleure en passant au dehors,
Faisant du bruit ainsi que dans un mélodrame
Le vent d'orage en fait... Derrière les décors.

Le décembre jaloux, de mes fleurs demi-closes
N'a pas encore pu glacer le front charmant.
Mais pour que puissent vivre, hélas ! mes belles roses,
Il faudrait le baiser du soleil, leur amant !

Il est là sous mes yeux et parfois je contemple
Les pâles fleurs qui vont, sans ce baiser, mourir...
Dont le vague parfum comme l'encens du temple
Monte jusqu'à mon cœur d'où s'échappe un soupir.

Si du printemps rieur et de sa claire aurore,
Parfois la vision plane devant mes yeux,
C'est que j'ai, grâce à vous, ces fleurs qu'a fait éclore
Le rayon qui se cache aujourd'hui dans les cieux.

Merci donc ! Bien souvent pour être plus heureuse
L'âme sent le besoin d'avoir un souvenir,
Et celui du printemps à l'aube vaporeuse,
Était le plus aimé qui me puisse venir !

Merci donc ! Je vous dois une heure ensoleillée
Et le beau rêve bleu qui chante dans mon cœur,
Je vous dois d'avoir vu des nids sous la feuillée
Et malgré l'hiver noir, Avril, cet enchanteur !

Merci, toujours merci ! Vous avez été douce,
Vous qui m'avez donné ce rêve radieux
Vous qui m'avez fait voir tant de fleurs dans la mousse,
De soleil dans le ciel, de bonté dans vos yeux ?

Vous êtes pour chacun, je sais, la Providence.
Vous qui donnez le rêve donnez aussi du pain...
Et vous avez pour tous, Madame, un cœur immense
Où le pauvre ne peut jamais frapper en vain !

Et chacun vous bénit, vous aime et vous admire,
Que vous donniez de l'or, que vous donniez des fleurs,
Vous avez pour chacun, Madame, un doux sourire
Qui chaque jour vers vous, attirera les cœurs !

GABRIELLE NADAL.

Décembre 1881.

L'UNION DES FAMILLES

DE MONTREUIL-S/-BOIS

à Mme M.-M. HESS

Membre honoraire perpétuel.

I

Quand d'autres sur le faîte ont glissé dans l'abîme,
Parvenir au sommet en partant de l'infime,
Ne savoir à l'aurore où reposer les nuits,
Et le soir s'endormir sous de riches lambris.
Avoir longtemps lutté contre le vent, l'orage
Sans incliner la tête au souffle du malheur,
Puis terrasser le sort à force de courage
Sans laisser pénétrer la faiblesse en son cœur.
Mais regardant en face
La misère qui glace,
Dans de vaillants efforts
L'étreignant corps à corps,
Sans même se douter qu'on redoublait sa gloire
En donnant au malheur les fruits de sa victoire ;
Avoir presqu'eu recours à la pitié d'autrui,
Et maintenant au pauvre assurer un abri ;
Dépenser en un jour, pour aider l'infortune,
En semant des bienfaits tout le long du chemin :
Ce qui, pour une année eût été la fortune
Étoile dissipant les ombres du chagrin,
Cela semble, Madame,
Quand ma voix le proclame,
Un éclatant mirage éblouissant de loin...
Ce fut votre destin !..,

II

Du levant au couchant, d'un bout du monde à l'autre
Du dieu de charité vous marchez en apôtre;
Partout où vous entrez, vous vous faites bénir,
Et l'on entend ces mots sur vos pas retentir :
« Sur cet ange qui nous console
« O toi qui sais de quelle main
« S'échappe la touchante obole
« Qui vient assurer notre pain,
« Sur Madame Hess, ô Providence,
« Sur celle qui sèche nos pleurs,
« Répands, répands, en récompense,
« Tous les trésors de tes faveurs;
« Sa sublime bonté mériterait un trône,
« Aux yeux des malheureux, c'est l'ange de l'au-
[mône!... »

III

Qui donne au pauvre, prête à Dieu!
Du haut de son firmament bleu,
Content, il vous sourit, vous dont la bienfaisance
Se plaît à secourir la vieillesse et l'enfance,
Vous dont la charité
Suit la noble devise : Amour! Fraternité!
Les membres composant l'Union des Familles
Vous citent pour modèle à leurs fils, à leurs filles,
Fiers de voir votre nom aux leurs s'associer;
Madame, ils sont heureux de vous remercier
Du concours qu'ont prêté votre haute influence,
Vos titres et votre bonté
A l'œuvre de Fraternité,
Qu'ils ont fait prospérer à force de constance.
Ils sont heureux d'unir leurs voix,
Aux voix des nombreuses phalanges
Qui, chantant vos touchants exploits,
Célèbrent partout vos louanges,

Aux cœurs des malheureux qui bénissent le ciel
D'avoir vu, par vos mains, soulager leur souffrance
Et briller à leurs yeux un rayon d'espérance ;
Ainsi qu'après l'orage un splendide arc-en-ciel,
Par ses teintes diaprées,
Émaillant les nuées,
Quand le tonnerre au loin baissant son diapason,
De ses vives couleurs éclaire l'horizon.

Vers dits par M. Loisel fils, *au Banquet de Union des Familles de Montreuil-sous-Bois, le Dimanche 26 Juin 1881.*

Acrostiche offert à Madame HESS

MARILÈNE

Madame, ah ! laissez-moi dire, après tant d'hommages,
A l'univers entier, ce nom qu'à tous les âges
Répète le malheur... ce nom prédestiné,
Il soutient le vieillard, berce le nouveau-né ;
La veuve le redit en essuyant ses larmes,
Et l'orphelin, par lui, peut grandir sans alarmes.
Nom qu'en nos jours de deuil, la France dut bénir
Ecrit au livre d'or d'immortel souvenir !...

LOUISE HAMEAU.

Le 22 Février 1882.

SOUVENIR ! PRIÈRE !

A Madame M.-M. HESS, Officier d'Académie

(La veille du 1er jour de l'an).

La nuit du dernier jour de l'année est venue !
Une aurore encore inconnue,
Dans un moment naîtra des flancs de l'Avenir !
La joie est aux enfants, et dans chaque demeure,
A cette heure,
Se préparent des vœux ! . . . .
. . . . Pourquoi un souvenir ?...
. . . .
Autrefois, je pouvais dire aussi à ma mère :
Sois heureuse... longtemps !...
Autrefois, d'une voix timide et toujours chère,
Je pouvais de mon cœur exprimer les accents...
Autrefois... (Mais pourquoi réveiller en mon âme
Ces songes du passé ?) Ce mot mystérieux,
D'un tissu d'heureux jours me déroule la trame...
Du bonheur le plus pur c'est la dernière flamme,
C'est la vague qui meurt au bord silencieux...
. . . .
Et semblable à la fleur qu'a fait naître l'aurore,
Qui sous un doux soleil n'a pu s'épanouir,
Que le soir d'un jour sombre a vu s'évanouir,
Je ne puis m'épancher encore !...
. . . .
Que sera *le demain* qu'attendent mes soupirs ?...
Mon cœur à l'Éternel murmure une prière...
A vous longs jours, bonheur !! à moi toujours, ma mère !...
Ce sont là tous mes vœux avec tous mes désirs ! ! !. .

ANGELO DE SIMMER
(Hôtel de l'Alma).

A MADAME HESS

ÉTOILE DES MALHEUREUX

Du haut du firmament, le soleil, roi du monde,
De sa vive clarté chaque jour nous inonde ;
Partout sur son passage il verse avec bonté
Sa chaleur bienfaisante et la fécondité.
La fleur, de ses reflets se couvre et se colore,
Le doux fruit de la vigne à ses rayons se dore,
Il mûrit nos vergers et l'épi qui, demain,
D'un peuple sans travail apaisera la faim.
C'est lui qui, sur la mer inconstante, infidèle,
D'un malheureux pêcheur dirige la nacelle;
Et, quand la nuit sur nous étend son voile noir
La nacelle se guide au doux soleil du soir.
Comme ce beau soleil, vous versez, noble femme,
Dans les cœurs refroidis une céleste flamme.
A celui que le sort écrase en son chemin,
Vous tendez avec joie une puissante main.
Comme la Vierge, au ciel, dont vous êtes l'image,
A tout désespéré vous rendez le courage,
Vous soutenez le faible, et le pauvre honteux
Retrouve par vos soins un appui généreux.
Vous calmez les douleurs qu'amène la misère,
De l'orphelin sans nom vous devenez la mère.
Aussi le malheureux redira-t-il toujours,
Qu'il n'implora jamais en vain votre secours.
Mais de tant de bienfaits le narrateur fidèle,
Pourrait-il oublier le dévoûment, le zèle,
Que votre âme déploie en toute occasion,
Pour donner aux enfants, la paix, l'instruction ?
Tous ces petits enfants, bijoux de la nature,
Suivent de vos vertus la route droite et pure ;
Ils bénissent le ciel dans leur cœur ingénu,
D'un bonheur que sans vous ils n'auraient pas connu !
Aussi, tant qu'un ruisseau descendu des montagnes,

Viendra fertiliser les riantes campagnes,
Vos bienfaits, votre zèle et vos nobles ardeurs,
Vivront toujours gravés dans le fond de leurs cœurs.
Merci pour tant de bien, merci, femme adorable!
En tout temps, en tout lieu, montrez-vous secourable;
Moralisez le peuple avec la charité :
C'est le chemin qui mène à l'immortalité !!!

LÉON PONCET.

Paris, 15 Février 1884.

A MADAME HESS

En m'enfuyant demain vers le pays des roses,
J'emporte un souvenir radieux, enchanté.
Madame — l'existence et ses métamorphoses
Ne me feront jamais oublier la bonté
Qui vous fait une douce et divine auréole.
Sous le soleil de feu, lorsque la luciole,
La fleur, l'arbre et l'oiseau, me diront leurs secrets,
Mon cœur leur répondra, dans ses rythmes discrets,
Qu'il est sous les cieux froids de l'âpre capitale :
Une âme (c'est la vôtre), et qu'elle est idéale!

EUGÈNE GILBAULT.

Paris, 30 Mai 1886.

A MADAME HESS

HOMMAGE RESPECTUEUX

I

Or voici que s'envole un gentil messager
Qui vient vers vous, Madame, en riant passager,
Vous porter les souhaits de la nouvelle année
Et sourire aux rayons de votre Destinée.

Saluez le pauvret, car sombre est l'horizon
Qui s'étend devant nous, et la morne saison
N'est pas pour les oiseaux une saison prospère,
Comme pour les enfants que réchauffe leur mère.

Il vous sourit pourtant, l'hôte emplumé des cieux,
L'aile mi-déployée il semble radieux :
Il vous connaît peut-être, et, redoutant l'orage,
Il vient solliciter quelque splendide cage.

J'ai toujours supposé que ces bijoux des airs
Qui sont les diamants perdus dans les déserts,
Vont demander à Dieu bien des secrets des hommes,
Et savent mieux que nous, au fond, ce que nous sommes.

Mais que chante l'oiseau, l'élégant inspiré?
Lisez ces quelques vers et je vous le dirai,
Je ne fais que traduire et je suis l'interprète
Des doux chants de l'azur, qu'adore le poète.

II

Il chante les prés verts, la nature et les bois
Qui furent ses amours, son domaine autrefois;
Il chante une chaumière, une enfant pâle et frêle
Que l'amour maternel couvrait seul de son aile.

Cette enfant c'était vous, Madame, et Marchenoir
Fut le pauvre berceau qu'un malheur sans espoir
Réservait à vos pleurs. Les grands bois, de leur ombre
Semblaient le protéger sous leur arcade sombre.

Quelle divinité, dans cet asile obscur,
Vint marquer de son doigt, ce jeune front si pur,
Et tournant, du destin, une nouvelle page,
Vous procréa sitôt, enfant, à son image?

Faut-il le dire ici, cette Divinité
Qui vous doit des autels, ce fut la charité,
L'ardente charité qui dans la nuit profonde,
Vient choisir ses élus pour le bonheur du monde.

Vous avez su, Madame, en ce siècle d'argent
Vous créer un seul but : le soin de l'indigent.
Et la fortune enfin, l'inconstante Déesse,
Pour le bonheur de tous, vous fit ample largesse.

Partout on vous connaît, le monde vous chérit,
Vous avez ce renom qui jamais ne périt ;
Et vous avez l'honneur, vous nommant Madeleine,
D'être comme Marie, esclave autant que reine.

Esclave du devoir, de l'éternel amour,
Des lois du dévoûment, sans espoir de retour.
Reine par la bonté, la grâce et l'opulence
Ce qui ne gâte rien, oui, même en notre France !

La vertu plaît toujours, bien qu'on en soit jaloux ;
Il est encore des gens auxquels il semble doux
De l'avoir en passant, quelquefois entrevue,
Et de s'être inclinés à cette ombre aperçue.

III

Mais que murmure encor mon brillant messager ?
Il agite gaîment son plumage léger,
Semblable aux courtisans, la veille d'une fête.
Il incline joyeux son élégante tête.

Ah ! je devine enfin... son langage est plus clair,
Pourtant ce ne sont point des promesses en l'air.
C'est une certitude, un hymne à la victoire
Qui dévoile à mes yeux un horizon de gloire.

Il dit que cette année on verra par hasard,
Les hommes couronner le mérite sans fard,
De l'avenir enfin, il soulève le voile
Et j'y vois scintiller une brillante étoile.

C'est celle que jadis on créa pour l'honneur,
Bientôt nous la verrons briller sur votre cœur.
Ce joyaux glorieux, et cette récompense,
Vous étaient dus, Madame, à coup sûr, par la France.

A la Bienfaitrice de l'Humanité!

Mme Marie-Madeleine HESS, née Cosson

(LE JOUR DE SA FÊTE)

Hommage de sincère admiration et de profonde affection.

Un jour, jour de bonheur, d'un petit coin des Blaises,
Frappant l'écho des monts, traversant nos falaises,
Plein d'amour, grave et doux,
Et comme on voit du roc l'eau pure qui s'épanche,
Des bords du Loir-et-Cher aux rives de la Manche
Ton nom vint jusqu'à nous.

Il nous vint comme un son de harpe éolienne,
Et nous avons saisi la note aérienne,
Et les flots de l'Armor
Ont recueilli ce nom qui plane sur nos plages,
Et ce Siècle aura fui lorsque nos chers rivages
Le rediront encore.

Ah ! béni soit ton nom, ange de bienfaisance,
Toi qui connus si bien le prix de la souffrance
Et le prix du labeur :
Toi qui, de Marchenoir aux rives de la Seine,
As scellé, par tes dons et ta bonté de reine,
Ta mémoire et ton cœur !

Mais la Bretagne aussi connaît ton nom sublime :
Les annales du bien, par un récit intime
Nous ont mis sous les yeux
Dans une page vraie et pleine d'éloquence
Tous les points différents marquant ton existence
Ange venu des cieux.

En lisant cet hommage offert à ta grande âme,
Signé d'un nom illustre, un nom qui te proclame,
Émue, avec bonheur,
Oh ! j'ai senti pour toi cette amitié sincère
Que j'ose, dans ces vers pour ta fête si chère,
T'offrir avec mon cœur !

MARIE LE MÉRER,
Secrétaire des H: S: Bretons
Sous-Section de Lannion

Lannion, 21 Juillet 1882.

A MADAME HESS
(CONSOLATRIX AFFLICTORUM)

SALUT A NOTRE ÉTOILE !

Le firmament a ses étoiles
Dont les orbites éternels
Déroulent dans les nuits sans voiles
Leurs scintillements solennels.
Du sein de la terre endormie
Nous contemplons cette harmonie
Qui nous révèle les splendeurs
Du Dieu qui règne sur les mondes,
Et sur les ténèbres profondes
Imprime le nom du Seigneur !

Le ciel a ses légions d'anges
Dont les accords harmonieux
Partout répètent les louanges
Du Dieu de la terre et des cieux.
Nous les admirons de la terre ;
Nous confions notre prière
A ces messagers de l'amour.
Les vœux, les soupirs de nos âmes,
Portés sur leurs ailes de flammes,
Parviennent au divin séjour.

Mais la terre aussi, dans ses voiles
Contient des messagers du ciel
Elle a des anges, des étoiles,
Des fleurs et des rayons de miel.
Et ces astres de notre terre
Possèdent la seule lumière
Qui convienne à nos yeux mortels ;
Dieu les place parmi les hommes
Pour donner aux lieux où nous sommes
Un reflet des feux éternels !

Qu'il soit astre ou bien qu'il soit ange !
Son front est pur et radieux,
Et nous célébrons sa louange
Et nous en bénissons les cieux.
En vous, nous bénissons, Madame,
Un ange que la France acclame
Comme sa plus illustre enfant !
Comme une étoile tutélaire
Qui répand sa vive lumière
Pour consoler les cœurs souffrants.

A. DE LA FÈRE.

Paris, 25 Juillet 1882.

A MADAME HESS

Officier de l'Instruction publique

O vous que la Fortune, à tant d'autres cruelle,
Vint chercher un beau jour dans un humble berceau.
Vous que la Renommée emporta sur son aile
Pour vous faire briller, comme brille un flambeau :
Vous souvient-il parfois des heures de détresse,
Là-bas, dans le village où votre nom béni
Fait passer dans les cœurs une indicible ivresse,
Comme une étoile d'or dans l'azur infini ?
Vous souvient-il du temps où vos yeux pleins de larmes.
Se tournaient chaque jour vers le ciel inclément,
Du temps déjà lointain où vous n'aviez pour armes
Que la prière sainte et l'espoir consolant ?

Oui, vous vous souvenez, et votre âme sacrée
Par les pleurs d'une enfance à qui manqua le pain,
A partir de cette heure au bien s'est consacrée...
Et qui vous supplia ne le fit pas en vain.

Si vous avez beaucoup souffert, adolescente,
Vous avez retenu la leçon du malheur,
Et Dieu, bien sûr de vous, vous fit naître indigente
Pour vous apprendre à mieux soulager la douleur.

Vous n'aviez pas assez de la belle couronne
Dont vos tresses d'ébène entourent votre front ;
Il vous fallait les fleurs qu'aux pieds de la madone,
Tous ceux qu'elle a sauvés du gouffre, apporteront.

Dans un siècle où le doute a ravagé tant d'âmes,
Où le désespoir sombre envahit tant de cœurs,
Où des plus saints élans on étouffe les flammes,
Où les peuples s'en vont au secours des vainqueurs :

Il est doux de penser que l'horrible misère,
Ne vous trouva jamais insensible, il est doux
De voir que l'orphelin va retrouver sa mère,
Lorsque Dieu juste et bon l'a conduit devant vous !

Quand l'artiste, penché sur la toile muette,
Veut fixer à jamais le rêve de son cœur,
Quand son pinceau fidèle et puissant ne s'arrête
Qu'après avoir tracé son chef-d'œuvre vainqueur :
Si la foule retient le grand nom de ce maître,
Dont la palette a des trésors éblouissants,
C'est un devoir de le chanter, et je veux être
De ceux qui, devant lui, brûleront de l'encens.

Quand le savant, courbé sur l'aride problème
Que d'autres avant lui cherchèrent vainement,
Préfère à tout ce qu'on désire et que l'on aime
La vérité promise à son long dévoûment.
Quand il pousse son cri superbe d'espérance,
Jetant au Sphinx vaincu son secret triomphant,
On peut lui décerner l'illustre récompense :
Car c'est de la Patrie un immortel enfant !

Mais quand on a gardé pour idéal superbe :
L'amour du bien, féconde et sublime leçon ;
Quand on sait, comme vous, détacher une gerbe
Pour que le pauvre aussi goûte à votre moisson :
Pour vous récompenser de votre tâche auguste
La rosette d'azur est bonne, cette fois :
Mais le pouvoir, Madame, apparaîtra plus juste,
Quand sur votre grand cœur il fixera la croix !

VICTOR NADAL.

A MADAME HESS (MARIE-MADELEINE)

A PARIS

UN GRAND COEUR

« *J'ai connu le malheur et sais y compatir.* »

Qu'il est grand, dans le monde, hélas ! où tout s'oublie,
Le cœur céleste et pur qui veut se souvenir !
Qu'il est divin celui qui, parcourant la vie,
Dans ses sentiers fleuris, souffre de voir souffrir !

Quand le char des plaisirs mollement vous emporte
Dans les vallons charmants des ris et du bonheur ;
Quand des espoirs brillants la céleste cohorte,
Soudain réalisés, vous couvre de faveur ;

Quand tout vous a souri, quand tout sourit encore,
De l'aube jusqu'au soir, à vos moindres désirs,
Quand le soleil, pour vous, est brillant, dès l'aurore,
Que le ciel, sur vos jours, verse tous les plaisirs ;

Lorsque l'or coule à flot dans vos mains souveraines,
Que les matins, sur vous, naissent toujours vermeils,
Que l'on peut commander comme le font les reines,
Et que les soirs, pour vous, n'ont que de beaux réveils ;

Enfin, quand l'univers et la nature entière
Ne sont plus, à vos yeux, que de brillants séjours,
Des Edens éternels sans rive et sans frontières,
Il est si doux, l'oubli, l'oubli des mauvais jours !

Mais les pleurs ont baigné le pain de votre enfance
Dans le berceau du pauvre où vous tendiez la main.
Et votre âme a connu les jours de l'indigence
Lorsque vos pieds saignaient aux ronces du chemin.

Oui, vous l'avez vidée, au matin de la vie,
La coupe d'amertume où s'abreuvaient vos jours,
Et cependant jamais le poison de l'envie,
N'atteignit votre coeur qui pardonnait toujours.

Ah ! c'est qu'un grand amour guidait votre grande âme
En ces temps de l'épreuve où vous gardait le ciel,
Et les nobles leçons de cette sainte femme
Que vous pleurez, hélas ! font un cœur immortel !

O leçons du passé, que votre vie amène
Nous donne quelquefois, oh ! que vos fruits sont grands !
Oh ! combien est divin cet amour d'une mère
Qui sait montrer le ciel à ses heureux enfants !

Oui, leçons du passé, mais faut-il bien encore
Que la sainte semence en arrive aux grands cœurs
Pour que les fruits sacrés, mûrissant, dès l'aurore,
Au jardin paternel, revêtent leurs splendeurs.

Combien en est il pas qui, nourris de misère
Au début de leur vie, oubliant tout à coup
Leur modeste origine, au temps du jour prospère,
Insultent l'indigence encore sous son joug !

Mais, toujours la vertu porta sa récompense :
Et celui qui compta les étoiles des cieux
Compte aussi, dans son ciel, les pleurs de la souffrance
Et change en sources d'or les larmes de ses yeux.

Vous en êtes, madame, une vivante preuve,
Et l'innocente vie où coulèrent vos jours,
Entre le doux sourire et plus souvent l'épreuve,
Vous couronne, à cette heure, et cela pour toujours !

Bien heureux fut le sein qui, seul, vous a nourrie !
Heureuse la mamelle où vous bûtes l'amour !
Trois fois heureuse le jour qui vous donna la vie,
Car ce fut pour la France et le monde, un grand jour !

Qu'il est grand, dans le monde, hélas ! où tout s'oublie,
Le cœur céleste et pur qui veut se souvenir,
Et qui peut répéter, au beau soir de sa vie :
« J'ai connu le malheur et sais y compatir. »

JULES CANTON.

Paris, 31 juillet 1886.

DÉCORATIONS ET TITRES HONORIFIQUES

DE

Mme M.-M HESS, Née COSSON

Officier d'Académie (3 janvier 1879).

Officier de l'Instruction publique (14 juillet 1884).

Médaillée par le Gouvernement de la République Française (10 novembre 1879).

Médaille d'Or des Sociétés de Secours Mutuels (Ministre de l'Intérieur, 15 avril 1884).

Commandeur de l'Ordre du Libertador de Venezuela (12 avril 1880).

Présidente de la 3me Commission du Travail des enfants.

Trésorière des Écoles Maternelles.

Médaillée de la Ville de Paris pour fondation « d'un prix de vertu (dix mille francs), dans le 2e Arrondissement. »

Fondation d'un nouveau prix de vertu (dix mille francs), dans le 20e Arrondissement.

Membre honoraire et nommée patron perpétuel de l'Association Philotechnique (fondatrice du prix de 500 francs).

Membre fondateur de la Société de l'école professionnelle des Ternes pour les jeunes filles.

Membre fondateur des Concours de composition musicale.

Dame patronnesse de l'Œuvre pour les petites filles abandonnées.

Membre honoraire de la Société de l'Enseignement des Femmes.

Membre d'honneur de la Caisse des Orphelins de Passy (16e arrondissement).

Présidente d'honneur de l'Ambulance militaire Bretonne (1870).

Membre fondateur de la Société des Crèches du 2e arrondissement.

Dame patronnesse et Lauréat de la Caisse des Écoles.

Membre honoraire de l'Association Libre de la Jeunesse Française pour la propagation des explorations en Afrique.

Dame de l'Ordre du Saint-Sépulcre.

Décorée de la Croix de Genève.

Membre perpétuel de la Société des Sauveteurs de la Seine (fondatrice d'un prix).

Membre d'honneur des Chevaliers Sauveteurs des Alpes-Maritimes.

Médaille d'honneur de 1re classe décernée par le Comité des Ambulances de la Presse française (1870).

Présidente d'honneur de la Société des Sauveteurs du Loiret.

Membre titulaire d'honneur de la Société des Sauveteurs Bretons.

Membre honoraire de la Société de Tir du 16e arrondissement.

Membre honoraire et fondateur de la Société d'encouragement au bien.

Membre honoraire de la Société française de Sauvetage du Comité de la Gironde.

Dame d'honneur de la Société des Volontaires de 70 et 71.

Membre titulaire, dame patronnesse de la Société d'instruction et d'éducation populaire.

Membre d'honneur de l'Institut Philotechnique.

Membre perpétuel et Dame patronnesse de la Société de secours mutuels des ex-militaires (fondatrice d'un prix).

Membre d'honneur de la Société des Sauveteurs de Reims.

Membre d'honneur de la Société des Hospitaliers d'Afrique.

Membre de la Société de Secours mutuels de l'Union des familles du 5e arrondissement.

Dame d'honneur patronnesse de la Société Fraternelle des officiers en retraite, membres de la Légion d'honneur.

Membre d'honneur de l'Institut médical de Toulouse. Prix du Novateur.

Présidente d'honneur de la Société de la Ruche des Travailleurs.

Membre de la Société des Sauveteurs de Saint-Josse.

Membre fondateur de la Société des Sauveteurs de la Nièvre.

Membre d'honneur, Dame patronnesse de la Société des Sauveteurs du Nord.

Membre d'honneur, Dame patronnesse de la Société des Sauveteurs du Midi.

Membre de la Société l'Union centrale des Sauveteurs.

Membre de l'Institut de Sauvetage de la Méditerranée.

Membre titulaire de la Société protectrice des Animaux.

Membre perpétuel de l'Institut protecteur de l'Enfance.

Membre d'honneur de la Société de l'Aube.

Membre d'honneur de l'Académie poétique de France.

Membre d'honneur de la Société l'Union des Sauveteurs.

Présidente d'honneur de la Société des Sauveteurs du Haut-Rhin.

Présidente d'honneur de la Société musicale de Marchenoir.

Membre d'honneur de la Société française de Sauvetage (don de 1,000 francs.)

Membre fondateur du Concours de Poésies.

Présidente d'honneur de la Société de Géographie pédagogue, territoire de Belfort.

Membre d'honneur de l'Académie des Palmiers.

Membre d'honneur des Hospitaliers de la Croix-Rouge.

Présidente d'honneur de la Société chorale « l'Abeille ».

Membre d'honneur de la Société de Secours mutuels des Patrons et Employés marchands de couleurs de la Seine.

Membre d'honneur des Hospitaliers de Toulouse.

Membre d'honneur de la Société des Sauveteurs de l'Hérault.

Membre d'honneur de la Société des Sauveteurs de l'Oise.

Membre d'honneur des Hospitaliers d'Espagne.

Présidente d'honneur de la Société de Cognac.

Membre d'honneur de la Société Nationale d'Assistance en faveur des aveugles travailleurs.

Présidente d'honneur de la Société de Saint-Martin des anciens militaires de Nîmes.

Présidente d'honneur de la Société de la Gironde.

Présidente d'honneur de la Société Philharmonique des comptables de Paris.

Membre d'honneur de la Société des Sauveteurs de Jarnac.

Membre honoraire de l'Institut des Sauveteurs de Marseille.

Membre d'honneur des Hospitaliers de Philadelphie.

Membre d'honneur de la Société Française de Secours aux Blessés de terre et de mer.

Membre d'honneur de l'Institut National d'Alsace-Lorraine.

Membre de la Société de Patronage des Libérés repentants.

Membre titulaire de la Société dite du Sou du Bon Dieu.

Membre d'honneur de l'Œuvre de l'Hospitalité et travail libre.

Membre de la Société de Topographie.

Membre de la Société libre des récompenses au travail.

Présidente d'honneur, fondateur de l'Association de Sauvetage de la Corrèze.

Membre honoraire de la Société académique de comptabilité.

Haute bienfaitrice de la Société des Sauveteurs Languedociens.

Membre de l'Académie des Arcades.

Patricienne noble de Nicotera, de Rosarno, de Japolo Limbadi, Philadelphie et plusieurs autres villes d'Italie.

Membre honoraire de la Société Philopédie à Tifernata.

Membre de la Société Littéraire et Artistique de San Bartholomeo in Caldo (encouragée par le roi d'Italie).

Membre honoraire de la Société Academia Agirino Diodorea.

Dame patronnesse et Présidente d'honneur de la Bibliothèque populaire de Diatino.

Membre de l'Academia Arcolla.

Membre honoraire de l'Institut Confucius de France.

Membre d'honneur de l'Académie des Poètes.

Membre du Conseil des huissiers, garçons de bureau des administrations publiques.

Membre d'honneur de la Société de Tir du 3e arrondissement.

Présidente d'honneur de la Société de Secours mutuels de Montreuil-sous-Bois, dite l'Union des familles.

Présidente d'honneur de la Société de l'Ile de France.

Présidente de la Société libre l'Union française de la Jeunesse.

Présidente d'honneur de l'Association philotechnique (d'Issy).

Présidente d'honneur de la Société de Tir du 18e arrondissement.

Présidente d'honneur de la Société Pro Patria du 20e arrondissement.

Présidente d'honneur de l'Avenir, Société de Prévoyance et de Secours des dames et des demoiselles du Commerce.

Présidente d'honneur des Sauveteurs de Charleville.

Membre d'honneur de la Société des Sciences, des Lettres et des Arts de Londres.

Présidente d'honneur de la Société La Croce-Bianca.

Membre d'honneur de l'Institut Dante Alighieri.

Paris - Imp. Ch. Marechal & J. Montorier.

www.ingramcontent.com/pod-product-compliance
Ingram Content Group UK Ltd.
Pitfield, Milton Keynes, MK11 3LW, UK
UKHW012112240726
13965UKWH00004B/1723

9 782013 040198